Una colección de poemas bilingües

AMOR

ENTRE

AGUACEROS

JEAN–PIERRE RUEDA

A bilingual poetry collection

LOVE

BETWEEN

DOWNPOURS

JEAN–PIERRE RUEDA

ALEGRIA
PUBLISHING

ISBN:979-8-9881746-3-9

Published by Alegria Publishing

Book cover and layout by Carlos Mendoza

Para mis hijos
Jean-Luc and Logan

For my sons
Jean-Luc and Logan

NOTA DEL AUTOR

Han pasado veintitrés años desde la última vez que sentí un aguacero costarricense. Décadas sin escuchar aquella lluvia que hace marimbas de techos mojados y ríos caudalosos desde la boca del viento.

Amor entre aguaceros es una colección bilingüe de poemas dedicada a todas esas personas que usan la imaginación para regresar a sus países de origen cuando circunstancias migratorias se lo prohíben.

Este libro es una carta de amor que agradece y celebra la habilidad y destreza de la poesía al construir puentes de tiempo con la nostalgia, melancolía, alegría y esperanza.

Recordar es un acto de fe. Escribir es confiar en el peregrinaje de esas memorias que caminan hacia el corazón.

AUTHOR'S NOTE

It has been twenty-three years since I last felt a Costa Rican downpour. Decades without hearing that rain that makes marimbas of wet rooftops and rivers rushing out from the wind's mouth.

Love between downpours is a bilingual poetry collection dedicated to all those who use their imagination to return to their countries of origin when migratory circumstances prohibit them from doing so.

This book is a love letter that acknowledges and celebrates poetry's dexterity and ability to build time bridges with nostalgia, melancholy, joy and hope.

Reminiscing is an act of faith. Writing is trusting the pilgrimage of those memories walking towards the heart.

ELOGIOS PARA
AMOR ENTRE AGUACEROS
LOVE BETWEEN DOWNPOURS

Dentro de los tiernos versos de "*Amor entre aguaceros*", la poesía de Jean Pierre se convierte en una huella indeleble en mi corazón, entrelazando los delicados matices de la comunidad y la vida. Como cuadernos de bitácora del crepúsculo, sus palabras capturan delicadamente la esencia de tu respiración, evocando una profunda sensación de intimidad y conexión. Mientras deambulo a través de los límites borrosos del tiempo, siento como si hubiera vislumbrado una figura fugaz perdida en la distancia. Con habilidad y arte magistrales, Jean Pierre elabora versos que perduran como susurros en el viento, invitando a los lectores a un viaje transformador a través de los "versos de las almas desafiantes".

Descubre la fascinante belleza que te espera en estas páginas, donde el amor, el anhelo y el espíritu humano se entrelazan con una gracia cautivadora.

-Ricardo Ruiz
Autor de *We Had Our Reasons* de Pulley Press

La obra de Jean-Pierre reconforta al lector, es un verdadero bálsamo para el alma. Aquí encontrará prosa elocuentemente pintada. Comparte puntos de vista sobre la nostálgica vida de los inmigrantes en Estados Unidos. Sus palabras abrazan al lector en una colección de parentesco y reflexiones sinceras.

-Lupe Montiel
Cineasta, dramaturga, poeta y artivista

La nueva colección de poesía de Jean-Pierre Rueda, "*Amor entre aguaceros*", es un viaje a través de la inmigración de su imaginación. Pinta con elocuencia poemas tan deliciosamente pintorescos y estimulantes que cada poema es una invitación a bailar dentro de las estrofas de sus eternamente memorables odas nacidas desde San José

Within the tender verses of "*Amor entre aguaceros/Love between downpours*," Jean Pierre's poetry becomes an indelible imprint on my heart, intertwining the delicate nuances of community and life. Like twilight logbooks, his words delicately capture the essence of breathing you, evoking a profound sense of intimacy and connection. As I wander through the blurred boundaries of time, it feels as if I've glimpsed a fleeting figure lost in the distance. With masterful skill and artistry, Jean Pierre crafts verses that linger like whispers in the wind, beckoning readers on a transformative journey through the "defiant souls' verses".

Discover the mesmerizing beauty that awaits within these pages, where love, longing, and the human spirit intertwine with captivating grace.

-Ricardo Ruiz,
Author of *We Had Our Reasons* from Pulley Press

Jean Pierre's work comforts the reader, truly salve for the soul. Here you'll find eloquently painted prose. He shares views of the nostalgic immigrant life in the US. His words embrace the reader in a collection of kinship & heartfelt musings.

-Lupe Montiel
Filmmaker, playwright, poet and artivista

Jean Pierre Rueda's new poetry collection, "*Amor entre aguaceros/Love between downpours*," is a journey through the immigration of his imagination. He eloquently paints poems so deliciously picturesque and exhilarating, each poema is an invitation to dance within the stanzas of his eternally memorable odes birthed from San José to Los Angeles. Each ode is oozing with love of his país as this a modern-day Lorca masterfully brings to life in his lengua of español. Rueda's voice

hasta Los Ángeles. Cada oda rezuma amor por su país, en lo que este Lorca moderno le da vida magistralmente en su lengua española. La voz de Rueda es un reflejo que conecta un país, un idioma y los sueños de un poeta que comparte su amor mientras la poesía de Jean-Pierre brilla de manera impresionante. Les insto a que se sumerjan en su interior y realicen un viaje a través de cada página de su memorable y magnífica colección de poesía, *Amor entre aguaceros.*

– Adrian Ernesto Cepeda

Poeta y autor de *La Lengua Inside Me de FlowerSong Press* y *Speaking con su sombra* de Alegría Publishing

is a reflection, connecting a country, a language and the sueños of poet sharing his amor as Jean Pierre's poetry breathtakingly glows. I urge you to dive inside and take the journey through each page of his memorably magnificent poetry collection, *Amor entre aguaceros*.

– Adrian Ernesto Cepeda,

Poet and Author of *La Lengua Inside Me from Flower Song Press* and *Speaking con su sombra* with Alegría Publishing

Tabla de Contenidos - Table of Contents

"PURA VIDA"
-Costa Rica

El tiempo en una taza de café

En una esquina del camión de mudanza
una torre de cajas crece
arrugando el techo metálico
con sus manos abiertas de cartón,
en medio de colchones y camas desarmadas
chineando el televisor de mi tío y sus mundiales
veo el sofá donde le conté a mi abuela
que agosto le traería un bisnieto

Siento escalofríos con el viento otoñal
al acomodar una docena de álbumes de fotografías
en el asiento de pasajero
evitando que sus museos de color y tiempo
se dañen en el viaje a la nueva casa de mami
y es aquí donde me vuelvo a encontrar,
entre adornos envueltos por hojas de periódico,
con la taza de café que me tiene estampado con nueve años

En esa foto sonrío con los ojos mojados
despidiéndome de mi tío californiano
en el aeropuerto de Alajuela
memorizando el mural inmenso
que ha atestiguado tantos viajes desde su concepción
preguntándome cómo sería vivir en otro país
justo como lo hacían los incontables trotamundos
tan lejos de sus países de procedencia

Time in a coffee mug

In one of the moving truck's corners
there's a tower of boxes growing
wrinkling the metallic roof with their carboard open hands,
between mattresses and dissembled beds
carrying my uncle's TV and world cup memories
I can see the couch where I told my abuela
that August would bring her a great grandson

I get goosebumps feeling autumn's wind
as I carefully rearrange dozens of photo albums
on the passenger seat to prevent any damage
to those museums of time and color
during our journey to mom's new house
and it is here where I find it again,
the coffee mug that has me stamped on it
since I was nine years old,
wrapped with newspaper among other living room ornaments

In that picture, I smile with teary eyes
bidding farewell to my Californian uncle
in Alajuela's airport
memorizing the immense mural
which witnessed countless voyages since its conception
and I wondered what it would feel
to be like one of those globetrotting passengers
leaving their homeland forever

Desde esa ventanita de porcelana
con vistas al Verano del '94
donde Michael Jordan jugaba béisbol
Roberto Baggio perdía el mundial
Vicentico cantaba Matador
Forrest Gump esperaba en una banca
y mi hermano empezaba la escuela
Yo escucho a mi papá hablar del viaje a Miami
que elegiría en vez de quedarse a vernos crecer
sin contemplar la consecuencia mortal
de su abandono

Sentí en el pecho aquel poema que temo terminar
ese que me desgarra en discusiones con el fantasma de mi padre
reclamándole que está ausente cuando más se le necesita
y la rabia de saber que es inútil gritarle a su maldita ausencia
esperando un gesto que no sea su silencio

Mis ojos se tragan las lágrimas
temiendo que mami me note débil
en una mañana que me requiere ser fuerte
para sobrellevar el hecho
que ella está perdiendo su hogar
el lugar donde dejamos de ser extranjeros por 16 años
y ahora está a la venta por el capricho de la dueña de la casa

Acaricio la taza de café con mis manos
como si fuera mi corazón entre mis dedos
y la meto en la caja cuidadosamente
sintiendo aquella vieja cicatriz abriéndose en mi palpitar

La verdad es que recuerdo con cautela
para aprender de lo que duele y lo que extraño
para escribir y darle voz a estas tormentas que callo

From that little porcelain window
with views to the summer of '94
where Michael Jordan played baseball
Roberto Baggio lost his world cup final
Vicentico sang Matador
Forrest Gump waited on a park bench
and my brother started going to school,
I hear my father talking about the trip to Miami
that he would choose instead of watching us grow up
without contemplating the mortal consequence
of his abandonment

I felt the poem I fear finishing
pounding violently in my chest
the one shredding me apart
in arguments with my father's ghost
condemning him for never being around
when I need him most
and the rage of knowing it is useless
to scream at his damn absence
waiting for any gesture that isn't his silence

My eyes swallow their tears
afraid that mom would see me weak
in a morning requiring me to be strong
to withstand the fact that she's losing her home of sixteen years
the place she rented to keep us from feeling like foreigners
and had been suddenly sold by the whim of the house's owner

I caress the coffee mug with my hands
like my heart is between my fingers
and I close the box which carries it carefully
feeling that old scar anew in my heartbeat

The truth is that I remember cautiously
to learn from what aches and yearns
to write and voice the storms hushed within me

Bilingüe

And I twist
my dos lenguas
en espirales de letras
descending
from el cielo del título
to the página de mar
painting lo vivido
anhelado and loved

In this arte
of verbos y verdades
de virtues and valleys
there's no muerte
que no se cuente,
no hay vida
that isn't remembered

Bilingual

Y retuerzo
mis two tongues
in spirals of letters
descendiendo
desde the title's sky
hasta la page of sea
pintando what was lived
yearned y amado

En this art
de verbs and truths
of virtudes y valles
no hay death
that isn't told,
there's no life
que no es recordada

"I know I walk in and out of several worlds each day."

- Joy Harjo

Recordando en español

Observar los movimientos de lo cotidiano es sincronizar mi respiración con la música de lo ordinario, descubriendo momentos de existencialismo en lo que espero el primer autobús de la mañana; contando la hilera aurífera de lunares cristalinos que iluminan el techo de la intersección de autopistas. Al ponerle atención a mi alrededor, veo las caras de los edificios, las miradas de sus ventanas, la bandera de Estados Unidos a media asta, el vapor silbando por las alcantarillas, las palomas grises sobre las gárgolas, los carros y los semáforos bailando un bolero con el tráfico, y una vendedora de frutas en la esquina mezclando piña, mango y sandía en un vaso transparente de plástico. Ese olor dulce me envuelve en sus dedos y me encoge hasta ser del tamaño de una silla en la cocina de mi mamá hace años. La escucho quejarse del calor espantoso de marzo, emocionarse al hablar de Michael Jordan coronándose campeón del mundo, ponerse contenta cuando mi perro maltés blanco le da besos con la nariz fría y orgullosa cuando le ganamos la partida a las matemáticas que ambos detestamos tanto. Al percatarme de lo que murmuraban esos instantes, decidí caminar en vez de tomar el autobús; comprándole a la señora aquel vaso de recuerdos para desayunarlos viendo la marea del lunes, recordando en español esas mañanas dignas de poemas.

Remembering in Spanish

I synchronize my breathing with the music of the ordinary and discover moments of existentialism as I wait for morning's first bus; counting the row of auriferous beauty marks lighting up the freeway's underpass. As I pay attention to my surroundings, I see the buildings' faces, their windows' gaze, the United States flag mournfully waving at half-staff, steam whistling out from the streets, grayish pigeons on top of gargoyles, cars and traffic lights dancing boleros with time, and a lady with her fruit cart on the street corner mixing pineapple, mangoes and watermelon in a clear plastic cup. Such sweet aroma wraps me in its fingers and shrinks me down to the size of my mom's kitchen chairs from years ago. I hear her complaining about March's horrendous warm weather, excited retelling Michael Jordan's coronation day as a world champ, seeing her happiest when her old and scruffy Maltese would kiss her with his cold nose, and so proud when we conquered those dreaded math problems. Noticing such whispered moments, I decided to walk instead of taking the bus; purchasing that fruit filled memory cup from the street vendor to have for breakfast while admiring Monday's tide, remembering in Spanish all those poem worthy mornings.

Tal es la astucia del amor

Si al extrañar mi familia
en el exilio de esta vida inmigrante
la soledad me amenaza con deshojarme,
entonces me verás tejiendo espirales irisadas
con la nostalgia que se desprenda
de las ramas de mi corazón

Tal es la astucia del amor
permitiéndole a las hojas caídas del ayer
renacer como camelias, narcisos y violetas
en la ruta más hermosa de la añoranza

Such is love's cleverness

If I miss my family
in the exile of this immigrant life
and loneliness sparks joy's abscission
then you'll see me sewing iridescent spirals
with my heart's fallen leaves

Such is love's cleverness
allowing yesterday's branches
to be reborn as camelias, daffodils and violets
in longing's most beautiful hiking trails

El tiempo se apiada de nosotros

Ella duerme
en algún rincón del tiempo
y la memoria
me permite visitarla
cuando sueño

Ella es una ciudad
de aguaceros y arboledas
un país de momentos
donde nació mi familia

Deslumbrado por los ayeres
que definen su rostro
mi corazón se inca
ante sus ojos pardos
rezando un poema
celebrando el milagro
de haber regresado

Ella despierta
en algún lugar del pensamiento
dirigiendo la marea de lo vivido
como la luna emperatriz
que siempre ha sido
y me dejo llevar por sus olas
hasta llegar a la playa de mi niñez

Al reconocer que nos soñamos
el tiempo se apiada de nosotros
otorgándonos una visa para encontrarnos en el pasado

Time takes pity on us

She sleeps
somewhere in time
and memories
allow visits
when I dream her

She is a city
of downpours and palm groves
a country of moments
where my family was born

Dazzled by yesterdays
defining her face
my heart kneels
in front of her hazel eyes
praying a poem
celebrating the miracle
of having returned to her

She is awake
somewhere in my thoughts
commanding the tide of what I lived
like the moon empress
she has always been
and I sway away on her waves
until I reach my childhood's seaside

Noticing that we are dreaming each other
Time takes pity on us
granting us a Visa to meet in the past

"Hay menos tiempo que lugar, no obstante,
hay lugares que duran un minuto y para cierto
tiempo no ha lugar".

- Mario Benedetti

San José en Los Ángeles

Las cortinas blancas en trenzas rayadas
enmarcaban un espejismo de ayeres y morriña
cuando el inverno se presentaba en grises
que parecían nevar en el sol blanco de ese día

San José en Los Ángeles
crecía bajo mi ventana de segundo piso
entre Beacon Avenue y Olympic Boulevard

Vi la Plaza de la Cultura
a la sombra de palmeras californianas
extendiéndose por las aceras gringas
con faroles de luna llena y bancas de concreto
mismas que compartí con mi mamá
viendo palomas aterrizando
desde el ángel más alto del teatro nacional

Escuché el canto del mercado central
reemplazando el inglés de mis vecinos
con declamaciones
vendiendo verduras y artesanía
en las profundidades de ese laberinto tico
y la memoria se sirvió un café
para ver esos sábados distantes conmigo

En el cielo dejaron de nacer inviernos
y el azul profundo regresó triunfante

San José in Los Angeles

White curtains in striped braids
framed a mirage of yesterdays and old years
where winter spoke in such cold grays
that I thought it snowed in that morning's white sun

San José in Los Angeles
started growing beneath my second-floor window
between Beacon avenue and Olympic boulevard

I saw La Plaza de La Cultura
'neath the shade of Californian palm trees
widening across gringo sidewalks
lit by streetlamps and concrete benches
same ones where I sat with my mom as a kid
watching pigeons crash landing
from the Teatro Nacional's tallest angel statue

I heard the Mercado Central's humming
replacing my neighbors' English
with Spanish declamations
selling fruits and folkloric items
in the depths of that Costa Rican labyrinth
and my memory poured itself a cup of coffee
to stare at those distant busy Saturdays with me

All those gray skies faded into bright blues

Empiezo a viajar en la poesía

Se evaporan los reinos de oficinas
con el aroma a lluvia
divisando carreteras al pasado
en torrenciales de añoranza
La casa donde crecí
se reconstruye ante mis ojos

Tercera entrada
residencial Las Margaritas
San Sebastián
Costa Rica
Casa 17

Piel de pared amarilla con ladrillos rojos
portones de acero verdes
farolitos negros en las esquinas del techo
como aretes de fierro y luz
alumbrando las arañas
que guindaban con sus patas de aguja
desde las sombras como paraguas sin tela
donde pegué el último bolazo
jugando fútbol con mi hermano
antes de viajar a Estados Unidos

Ese golpe quiebra el sueño
despertándome en el apartamento de mi abuela
viendo por la ventana el invierno
buscando a San José en Los Ángeles

I start traveling in my poetry

Corporate office kingdoms disappear before me
as the smell of rain
leads me to roads twisting and bending
through maps of yearning
The house where I grew up
rises in front of me

Third entrance
Las Margaritas neighborhood
San José
Costa Rica
House number 17

Yellow wall skin with red bricks
green steel gated driveway
little black lanterns in the roof corners
like metal and light earrings
housing needle legged spiders
hanging like upside-down umbrellas
without their canopies
until my soccer ball smashes their hiding spot
while playing with my little brother
for the last time in our house before we left to the USA

That jolting sound shatters my daydream
waking me up in my grandma's studio apartment
looking at winter through the window
searching for San José in Los Angeles

Lo que la Muerte se quiere llevar

Temo olvidar
la pasa y la zanahoria
en el arroz con pollo tico
de mi abuela

Temo olvidar
el canto de abril
la sinfónica de petirrojos
su concierto de primavera

Temo olvidar
cuando mi hijo esperaba la luna llena
preguntándome quién sueña las nubes
donde nace el viento

Temo olvidar
San José y California
las madres de mi poesía
libros de mi cuento

Temo olvidar
el sabor agridulce del mal de amores
el dolor de mi futuro
al soñarlo indocumentado

Temo olvidar
el calor al enterrar mis pies en la arena
viendo el sol rayándose
en el mar anaranjado

Temo olvidar
los besos en la niebla, las risas bailando
ciudades estrelladas, gemas de amistades
la tinta en mis manos

What Death wishes to take

I fear forgetting
the taste of raisins and carrots
in my grandma's arroz con pollo

I fear forgetting
April's song
in a symphony of robins
through their spring concerts

I fear forgetting
when my son would wait for full moons
asking me who dreamed clouds
where the wind was born

I fear forgetting
San José and California
mothers of my poetry
books from their stories

I fear forgetting
the bittersweet taste of heartache
how painful my future felt
imagining it undocumented

I fear forgetting
burying my feet in the warmest sand
watching the sun as orange streaks
shaded the sky and sea

I fear forgetting
kissing in the mist, laughing while dancing
star lit cities, friendships beyond priceless
the ink soaking my hands

Temo olvidar
los ojos de mi papá
gritando un gol en medio temblor de estadio
sin saber que no los vería nunca más

Temo olvidar
los faroles de septiembre
la tierra mojada, las primeras navidades
conocer a mi esposa en un salón de secundaria

Temo olvidar
la voz de mi mamá, el rostro de mi hermano
los corazones de mis tíos, la historia de mi pueblo
su voluntad, su empeño

Temo olvidar
la honestidad de la tristeza al desnudar el verso
la cruel adversidad que me tira al suelo
para ver si de ahí, en pedazos, vuelo

Temo olvidar
todos estos monumentos
que hacen brillar lo que dibuja mi vida
en estos invaluables instantes de eternidad

I fear forgetting
how my dad's eyes welled up
screaming a Gol in a soccer stadium earthquake
unaware that I would never see them again

I fear forgetting
September's lanterns
the smell of rain kissed soil, my first Christmases
meeting my wife in a high school classroom

I fear forgetting
my mother's voice, my brother's face
my uncles' hearts, my homeland's history
their will and yearning

I fear forgetting
the honesty of sorrow undressing my verse
the cruelest adversity throwing me to the ground
to see how, in pieces, I stand and fly

I fear forgetting
all these monuments
making life shine as it is drawn
all these invaluable moments of perpetuity

Amor

El amor
nos lee, nos escribe
nos hace tocar destellos del mañana, del ayer
al mismo tiempo

Por el amor
la compasión es alquimia
sintiendo dolor ajeno
arriesgando que nos desgarre el corazón propio

Por el amor
la pregunta encuentra eternidad
al desencadenar la imaginación
conjugando sueños con posibilidad

El amor es ternura invocada
llorando desde profundas verdades
para ser confesiones plasmadas
en versos de liberación

Love

Love
reads us, writes us
allows us to touch tomorrow's and yesterday's light
at the same time

because of love
compassion is alchemy
feeling someone else's pain
risking the shredding of our own hearts

Because of love
questions find beauty
freeing our imagination
matching dreams with possibilities

Love is tenderness invoked
crying from the depths of truth
shaping confessions
into freedom's stanzas

Me vestiré con tu recuerdo

Le haré un nudo de corbata
a todas tus tradiciones
para sentirlas en mi garganta
cuando hable de ellas

Me pondré el reloj de tu pasado
en el corazón de mi muñeca
para armonizar tu palpitar
con mi pulso

Me vestiré con tu recuerdo

las mancuernillas de tus soles
el perfume de tus fiestas cívicas
el saco azul marino de tus costas
el betún café de tu tierra mojada

Acariciaré cada botón amarrándome el pecho
representando cada década
que tengo sin respirarte

Y le otorgaré un anillo de agradecimiento a la melancolía
que le permite a mi país ser un colibrí esmeralda de cola blanca
mariposeando en el bosque lluvioso de mi corazón

I'll dress with your memory

I will tie my traditions
in a double Windsor knot
to feel them in my throat
when I speak of them

I will wear your past's watch
on my wrist's heart
harmonizing its movement
with my pulse

I will dress with your memory

Crafting cufflinks from your suns
cologne from your civic festivals
a navy-blue blazer from your sunniest skies
oxblood shoe polish from your muddiest soil

I will button up my chest
with every decade I've lived far away
from my birthplace

and I will gift a ring of gratitude to homesickness
which allows my country to come back to me
as a white-tailed emerald hummingbird
fluttering in the rain forest of my heart

Manzana de agua

· la rosa de las frutas es la manzana de agua
campana de ácida piel roja
dulce algodón de miel blanca

para viajar en el tiempo
no necesito más que morder su memoria
y disfrutarla con el paladar de la melancolía

Manzana de agua

the rose of fruits is the water apple
sour red bell heart
sweet cotton white honey

to travel back in time
I don't need more than to bite its memory
and enjoy it with melancholy's palate

"Escribir es la manera más profunda de leer la vida".

- Francisco Umbral

60 hacia la estación de Artesia

El sol se come a pedazos nubes grises
por primera vez en semanas
revelando cielos verdes azulados
cuando la Nostalgia toca mi hombro
preguntando si ella puede tomar el asiento de bus
para ver por la ventana durante mi viaje a casa desde Los Ángeles

Yo la complazco y reconozco su cara en la lluvia soleada
que rasgaba nubes azules
en lo que el camión dejaba atrás cuadras y paradas de bus
con su andar serpentino

Yo escucho atentamente
su habilidad de deshebrar lo mundano
describiéndome memorias de hace años
mientras atravesamos el centro de Los Ángeles
durante su eterno estiramiento facial metropolitano
de calles crujiendo, rascacielos levantándose
negocios cerrando, ventanas tapándose
grafiti raspado, apartamentos apilándose
el hipo del tráfico y su frenar inevitable

Nostalgia borra las ciudades y su entorno
mostrándome recuerdos que no he visto fuera de sueños
vecindades de mi país natal
con nombres en español y domingos lluviosos
calles surcadas por temblores donde me raspé las rodillas
pretendiendo meter goles en una copa mundial de barrio

60 Towards Artesia station

The sun eats away
chunks of gray clouds
for the first time in weeks
revealing bright teal skies
when La Nostalgia touches my shoulder
asking if she may take the bus' window seat
as I travel back home from Los Angeles

I oblige and recognize her face in the sunny rain
which started chipping away the blue clouds
after the bus makes its serpentine way
leaving several stops and blocks behind us

I listen attentively as she unravels the mundane
describing me memories from years ago
while we travel across downtown LA's
never-ending metropolitan facelift
of streets cracking, skyscrapers rising
businesses closing, windows boarding
graffiti scraping, new apartments stacking
traffic's hiccupping and inevitable halting

Nostalgia erases the cities around us
showing me recuerdos
I haven't seen outside of dreams
hometown neighborhoods
with Spanish names and rainy Sundays
wrinkled streets where I scraped my knees
pretending I was scoring goles
in a barrio world cup,

silbando Luz de Día
de los Enanitos Verdes en lo que la hora dorada
infunde begonias rojiamarillas
con el horizonte floreado del ocaso
y le da ojos de ámbar a la tarde
recordándole a mis palabras
como hicieron diamantes escarlatas
despeinando estrellas, rosas y alegorías
la primavera vez que perdí el sueño
por escribir poemas de amor

Ella me dice que escriba esos momentos
o serán derrochados por los dedos debiluchos del Olvido

El timbre del bus anuncia
que llegamos a Compton

Antes de retirarme, Nostalgia abre sus manos
y me muestra el corazón de mi infancia
diciéndome que seguramente se me cayó
en algún lugar entre California y de dónde vengo

Me susurre en el oído al devolvérmelo
"Si lo escribimos, nunca lo perdemos
si lo escuchamos, siempre lo encontraremos"

Caminando a casa
Yo veo una vía de jacarandas
como heraldos de la primavera
creciendo desde grietas
entre febrero y marzo
lo digo en voz alta y mi corazón empieza a escribir

whistling Los Enanitos Verdes'
Luz de Día as the golden hour
infuses yellow and red picotee begonias
to the skyline's blooming sunset
and gives hazel eyes to my late afternoon
reminding my words
how they turned to red diamonds
ruffling stars, roses and allegories
the first night I lost sleep writing love poems

She tells me to write these moments down
or they'll be lost to the loose grip of El Olvido

A bell chimed announcement
tells me we've arrived at Compton

Before leaving, Nostalgia opens her hands
and shows me my childhood's heart
saying that I must have dropped it
somewhere between California
and where I am from

She whispers as she hands it back to me
"Si lo escribimos, nunca lo perdemos
si lo escuchamos, siempre lo encontraremos"

If we write it, we'll never lose it
if we listen to it, we'll always find it

As I walk home
I notice a trail of jacarandas
like spring's harbinger
growing from the cracks
between February and March
I say it out loud as my heart starts writing

Te conozco abril

Sos mi bisabuela
sonriendo
desde el trono de su mecedora
en el castillo de aquellos tiempos
cuando tenía más primos que candelas
en mi pastel de cumpleaños,
Sos el calor de semana santa
en mi tierra Tica,
la procesión de milagros
y mi hermano
con sus cinco años
comiéndose el hielo rojo de un granizado

Sos mi último verano
de colegio en San José,
los nombres y caras que le describí a Los Ángeles
cuando me preguntó su otoño
por las amistades que dejé en el lugar de donde vengo

Sos un tres de abril
en los ojos de mi novia
cuando le propuse matrimonio
leyéndole el poema
que escribí mil veces
la mañana que la escuché decir mi nombre,
Sos el beso de su respuesta
que me susurra amor
cuando quiero pintar
cielos para su suspiro
cuando mis hijos me preguntan
por la historia de su origen

I know you April

You are my great grandmother
smiling from her rocking chair throne
in the castle of old times
where I had more cousins
than candles on my birthday cake

You are Easter's heat
in my Costa Rican land
the holy processions
you are my brother when he was five
enjoying the sticky red shaved ice in the hottest of Sundays

You are my last summer
of high school in San José
the names and faces described to Los Angeles
when asked by autumn
if I had friends where I came from

You are April third
in my girlfriend's eyes
when I asked her to marry me
reading her the poem I wrote a thousand times
the morning I heard her say my name

You are the kiss and the answer
love's song
in the skylines painted for her sighs
the legend passed down to my kids
retelling their origin story

You are poetry's fervor
beading experiences
from my undocumented life in California
presenting it as emotional art
for my reader's world

Sos el fervor de mi poesía
al moldear la experiencia
de mi vida indocumentada en California
presentándola
como artesanía emocional
ante el mundo de un lector

Sos mi voz sin temor
en el escenario de la vida
recitando mis herencias
con la intensidad y la ternura
de una tormenta tropical
irradiando verdades desde mi alma,
Sos todas las derrotas
que me fortalecieron
la falta de certeza en el futuro
cuando no tenía papeles
y esa motivación
que retuerce el dolor
hasta que sangra arte

Te escribo abril
con la misma urgencia
que grité y lloré
mi primer minuto de vida

You are my fearless voice
on life's stage
reciting my heritage
with a tropical storm's intensity and tenderness
radiating truth from within

You are all those defeats
which strengthened me
you are future's uncertainty
when I was undocumented
and my resolve twisting pain until it bled art

I write you April
with the same urgency
cried and shouted
by life's first breath

Mamá

Timonel de mis años
guiándome en noches de tormenta
mañanas de calma
y la impredecible marea existencial,
de su sonrisa
conocí todos los colores del mundo
y de su cariño la música
que se escucha desde adentro

Ella sabe
que el esfuerzo tiene su corazón,
que la poesía tiene su palabra,
que los caminos de flores
revientan
en violetas y morados
para desearle un feliz cumpleaños
cada mayo californiano

Mamá…poema de cuatro letras
más profundo y necesario que cualquier mar

Mom

Helmsman of my years
guiding me through stormy nights
calm mornings
and the unpredictable existential tide,
from her smile
I learned all the colors from this world
and from her tenderness
the music that you hear inside you

She knows
that effort has her heart,
poetry her word,
and that all roads burst with flowers
in lavender and purple
to wish her the happiest of birthdays
every Californian May

Mamá… four letter poem
deeper and more essential than any sea

Po⋆e⋆sí⋆a

mapa de memorias de infancia
mar de mal de amores
espejo para mi ciudad
gesto de remembranza
ritual de reflejarse
llamado a la benevolencia
racimo de atardeceres y tormentas
retrato de sufrimiento y esperanza;
una apreciación
por lo perenne y lo finito

Po★et★ry

map of childhood memories
sea of heartache
mirror for my city
gesture of remembrance
ritual of self-reflection
call for kindness
bouquet of sunsets and storms
portrait of grief and hope;
an appreciation
for the perennial and short-lived

Amor a Primer Verso

Yo no sabía
que la poesía
tenía labios

      Yo no sabía
      que su piel
      era un espejo

Noté los relieves del alma
resquebrajándose
por las experiencias del autor
como la madera abatida
por el incesante sol de la vida

                        Y lloré
                        al encontrar
                        la rima astillada
                        entre el amor
                        y la angustia

Caminé leyendo
con el pensamiento descalzo
sintiendo las crónicas
empedradas
en los montes del verso

Recorrí la ruta que utilizan los poetas
para llegar al continente de la reflexión
sangré corriendo con la anécdota ajena
descubriendo el sabor de la empatía
con cada mordisco que les daban mis ojos a los poemas

Aprendí a sumergirme en la vulnerabilidad de este arte
abrirme el corazón con el filo de la memoria
para liberar la autenticidad de mi poesía
y emprender vuelo
al declamarla

Love at first verse

I didn't know that poetry had lips
              I didn't know that poetry was a mirror

I noticed the soul's layers
cracking and flaking
through the author's experiences
like disheveled wood
beaten up by life's ceaseless and searing sun

                          and I cried
                          finding rhyme
                          splintered
                          between love
                          and anguish

I read it
with barefooted mind
feeling each chronicle
rock-strewn
along its verse's peaks and valleys

I travelled the route used by poets
to reach continents of contemplation
bled running with someone else's struggle
when I discovered empathy's taste
in each bite my eyes would take from their poems

I learned to dive inwardly
through the vulnerability of this art
split opening my heart with the sharpest memory
to free my poetry's authenticity
and take flight when I recite it

"La poesía nos hace tocar lo impalpable y escuchar la marea del silencio cubriendo un paisaje devastado por el insomnio".

- Octavio Paz

Para Long Beach

Un toldo de acampar
veteado
rojo, blanco y azul
me saluda en la salida del freeway 710
donde desemboca el tráfico con el atardecer
en la playa sin olas
de Long Beach

La necesidad sale de ese capullo de tela
con un rótulo de cartón
suplicando en inglés
por un plato de comida
un vaso de agua
un dólar
para engañar al hambre

El semáforo me fuerza cuesta bajo
empujándome entre bancos y hoteles
mientras el sol se escurre por el cuello refinado
de un rascacielos cristalino
que se come las nubes con sus dientes de vidrio
entreteniendo abogados
en sus nidos de demandas y suplicios ajenos

Un barco lleno de fantasmas
le devuelve la mirada a la estatua del marinero solitario
en la avenida Paloma y boulevard Ocean
donde juegan varios niños con su sombra
correteando al verano en el borde de la playa
que se estira perezosamente
bronceándose con la hora dorada

For Long Beach

A camping tent
marbled
in red, white and blue
greets me at the 710 exit
where streams of traffic and dusk flow onto
Long Beach's waveless seaside

A man comes out of the nylon and polyester cocoon
with a piece of cardboard
begging in English
for some food
a glass of water
a dollar
to trick away his hunger

Green traffic lights force me down hill
pushing me through banks and hotels
while the sun trickles down on the tall and refined necks
of crystalline skyscrapers
eating clouds with their glass teeth

entertaining lawyers
on their nests of lawsuits and torture of others

A ghost ship
looks back at the lone sailor statue
waiting between Paloma avenue and Ocean boulevard
where several kids play with his shadow
racing summer along the shoreline
stretching lazily
tanning with the golden hour

Adentrándome por sus vecindarios
veo más apartamentos que casas
más rejas en las ventanas
menos espacio entre licorerías y escuelas
más negocios con sus puertas cerradas que abiertas
menos paisajes de playa
más toldos de acampar en sus parques

En lo que navego por sus calles
siguiendo las vías del tren
como puntos náuticos de referencia
noto al frente de una carnicería
un señor canoso de sombra jorobada
deteniendo su escoba al ver un diente de león
entre la basura y las veladoras quebradas

Al arrancarla de la acera arrugada
los infinitos alfiles blancos
que engalanaban su corona floreada
se desprenden como hilos de plata
sembrándose en la brisa caliente de Julio
y en su vuelo diminuto improviso un deseo
para esta ciudad tan hermosa y maltratada

Driving through Long Beach's neighborhoods
I see more apartments than houses
more bars on their windows
less space between liquor stores and schools
more businesses with closed doors than open ones
less viewpoints to the beach
more tents on every park and underpass

As I sail across the streets
following train tracks
like nautical points of reference
I notice in front of a carnicería
an older man with gray hair and hunched silhouette
stopping his broom when he sees a dandelion
between trash and broken veladoras

When he plucks it out of the weathered sidewalk
the infinite fuzzy lances
garlanding its white crown
break off as silver strings
scattering in July's warm breeze
and I improvise a wish in its miniscule flight
for this beautiful and mistreated city

¿Dime, por qué sientes un nudo en la garganta?

¿Fueron las noticias en la pantalla
recordándote la fragilidad de la vida?

Seguramente aquella mañana
cuando pasaban de padre a soldado
bebés sobre los alambres de púas
en el aeropuerto de Kabúl
durante el desplomo de Afganistán

Pudo ser también aquella tarde
cuando docenas de policías
le fallaron a los estudiantes y padres de Uvalde
mientras que un cobarde
despedazó vidas a balazos

Tal vez aquella noche
cuando una niña lloraba en español
porque un extraño de guantes morados
quebró el abrazo de madre e hija
que la calmó durante su odisea migratoria
desde Honduras hasta Texas

Te aseguro
que no lloras sola
yo también estoy aquí contigo
fotografiando la historia
siguiéndole los pasos a la violencia
enlodándome
de catástrofes, tragedias y sus secuelas

Tell me, why do you have a knot in your throat?

Was it the news on your screen
reminding you of life's frailty?

Surely it was that morning
when parents handed their babies to American soldiers
over barbed wire walls in Kabul's airport
during Afghanistan's collapse

or it was that afternoon
when dozens of police officers
failed Uvalde's students and parents
when a coward destroyed lives with his rifle

maybe it was that night
when a little girl cried in Spanish
because a stranger with purple gloves fractured
her mother's embrace
the one she felt through their immigration odyssey
from Honduras to Texas

I can assure you
You aren't crying alone
I am also here with you
photographing history
studying violence's footsteps
muddying myself
in catastrophes, tragedies and their aftermath

Viendo aquella cara del niño en Siria
cubierto en guerra
lluvia de sangre, polvo y tierra
sentado en una ambulancia
preguntándose
¿Qué le pasó al mundo
que tenía mariposas y años por venir
de rebosante luz, música y risa
el abrazo de un familiar sin lágrimas?

Misma cara ahogada
en la orilla de Grecia
un cuerpecito de dos años
Alan Kurdi
sin vida en la arena gris
sus manitas en puños cansados
sus pulmones llenos de mar
y el mundo viendo su muerte
como si fuese pintada por Goya o Kahlo

La historia nos hace llorar a ambos
y sus dedos aprietan el nudo
en la garganta de la humanidad
aún más

I see the young child's face from Syria
covered in civil war's rain of blood, dirt and dust
sitting in an ambulance
asking himself
What ever happened to that world
overflowing with butterflies
music and laughter?
That world where his relatives could hug each other
without teary eyes blurring them away

The same drowned face
in Greece's shoreline
a two-year old's body
Alan Kurdi
lifeless on the gray sand
his tiny hands rolled as tired fists
his lungs filled with ocean
and the whole world stares at his death
as if it was painted by Goya or Kahlo

History makes us cry both
and its fingers squeeze the knot
in humanity's throat
even more

En lo que enterraban a la reina se inundaba el mundo

Un arrayán lanceado en intenso verde,
perfumado con rosas, roble inglés
romero y dalias blancas
adorna el ataúd de la reina Elizabeth segunda
envuelta en leones de seda carmesí
rugiendo sobre oro bordado

Las noticias narran y siguen cada paso
de la ceremonia que atraviesa Londres
detallando el duelo británico
mientras que un tren de palabras
describe bajo las imagines del funeral
al huracán Fiona
arrasando y arrastrando ciudades en Puerto Rico
dejándolas ciegas y apagadas

Pero en el televisor sólo hay espacio para la corona dormilona
presumiendo joyas en una almohada morada
y Pakistán bajo el agua se menciona por segundos
con la procesión de noticias
para no interrumpir el protocolo
de una monarquía ajena en duelo

Enlodadas con mensajes de socorro
las redes sociales sacan a flote
reportajes del pueblo pakistaní inundado
llorando por sus millones desplazados
viendo sus generaciones a la deriva
y canales de televisión en español
comparten desdichas desde ventanas boricuas
destacando puentes arrancados de su fundación
y la ausencia de la ayuda estadounidense

While the queen was buried the world was flooding

Speared myrtle by intense green
sweetly scented with roses, English oak
rosemary and white dahlias
wreathed queen Elizabeth's casket
wrapped in crimson silky lions
roaring over gold embroidery

The news narrated and followed every step
of the ceremony going through London
detailing the British grief
while a train of words beneath the royal funeral's images
described hurricane Fiona
bulldozing and dragging away
Puerto Rican cities
leaving them blind in the dark

But on television
there's only room for the sleepy crown
showing off jewels on a purple pillow
and the flooding of Pakistan is mentioned for a few seconds
to avoid any interruptions to the royal protocol
of mourning a foreign monarchy

Through muddied messages of desperation
social media reports on the flooded Pakistani towns
crying for the millions displaced by the storm
as they witness their generations gone adrift
and while the queen was carried away
Spanish speaking tv channels
showed misfortunes
through Puerto Rican windows
highlighting how bridges were being pulled by their root
and the United States remained absent from it all
because they weren't talking about Puerto Rican tax havens

porque no hablaban del paraíso fiscal puertorriqueño
donde los ricos sinvergüenzas se esconden de los impuestos
recordando la isla cuando les conviene

En lo que enterraban a la reina
el mundo se estaba ahogando
y pregunto quién más lo estaba notando

where the shameless rich like to shelter in place
keeping the island in mind
only when it is convenient

While the queen was being buried
the world was being drowned
and I wonder who else noticed

Al encontrar la pintura de Gente Invisible de Warren Chang en el museo Bower

Me le quedé viendo a los rostros
en la pintura de Gente Invisible
de Warren Chang
y encontré espejos en sus ojos

La muchacha
con pesadumbre en su corazón
y ampollas en sus manos
por el peso de los alimentos
en el cooler descolorido,
el muchacho
sosteniendo su niña chiquita
como si todo el tiempo del universo
viviese dentro de ella,
la señora mayor
balbuciendo un rosario en español
para los desafiantes días por venir,
el hombre de cara borrosa
mirando como el sol y el pasado
se derrochaban detrás de unas nubes negras
y una camioneta azul,
habían décadas de sequía en los campos
pero miles aún en busca de cosecha en su tierra
por la necesidad nacida
a tantas millas de esas mañanas

Me mantuve inmóvil
frente a esa ventana pintada
llorando entrecortadamente
emborronando el paisaje de aceite que reconocí
en la familia de mi amiga de secundaria
en la historia de procedencia de mi vecino
en mis libros de historia californianos
extraviados en la carretera de los sueños y recuerdos

From finding Warren Chang's
Invisible People at Bowers Museum

I stared into the faces
of Warren Chang's painting
Invisible People
and found mirrors in their eyes

the young woman
carrying grief in her heart
and the weight of nourishment
inside a heavy cooler
with blistered hands,
the young man
holding his little girl
as if all of time lived inside of her,
the older woman
whispering blessings in Spanish
for the coming challenging days,
the faceless man
staring back at the sun and the past
behind dark clouds and old blue van,
there were decades in the dried fields
yet thousands still came to tend them
out of the necessity of life
born miles away from such mornings

I stood in front of this painted window
breathlessly crying
blurring the oil skyline
I recognized from
my high school friend's familia
my neighbor's origin story
my Californian history books
all stranded on the roadside of dreams and memories
accused of being stereotypes
until someone paints the pain

usualmente acusados de ser estereotipos
hasta que alguien pinta ese sufrimiento
revelando su lucha
y se preocupa lo suficiente
para compartirlo con el mundo

El marrón en sus ojos
quemado hasta ser sombra
se parece a la mirada
de cada sueño americano cuarteado
que he presenciado, sentido y conocido
en los años que viví en Los Ángeles

Era la misma mirada
de la señora que me vendía flores
contándome del mar de Mazatlán
y como se mecía con la luna,
era la misma mirada
de la pareja guatemalteca
que esperaba el autobús conmigo en las mañanas
durante mi primer verano en California

Eran los mismos ojos
de la incertidumbre y la esperanza
devolviéndome la mirada
castaña y caramelizada
por el arte y su verdad

reveals the struggle
cares enough to share it
with the world

the brown
burned to a shadow
in their eyes
resembled the gaze
of every broken sueño americano
I had met and felt and known
during my years in Los Angeles

It was the same look
from the lady who sold me flowers
telling me about Mazatlan's ocean
and how it swayed with the moon,
it was the same look
from the old Guatemalan couple
who waited for the bus with me
during my first summer in California

They were the same eyes
from hope and uncertainty
staring back at me
brown eyed and honeyed
by art and its truth

Semillas de piedad

El presente abre su boca
y vuelan cuervos sollozando:

masacres en escuelas
tiroteos en carreteras
convenciones de tragedias
mordaza y plomo para la paz

mientras que la avaricia
se limpia la culpa de sus labios
antes de brindar con la muerte,
celebrando al cinismo
que le sobra dinero para matar
y leyes por comprar

El país se siente despedazado,
por más United que tenga su nombre
porque hay fuerzas deshilando su futuro
y estamos cansados de pretender
que no es cierto

Seeds of mercy

The present opens its mouth
and crows fly out sobbing

School massacres
freeway shootings
tragedy conventions
a gag and bullet for peace

All the meanwhile greed
wipes the guilt off its mouth
before it toasts with death
celebrating cynicism
who is loaded with money to kill
and laws to bribe

The country feels like its shattering
regardless of how united its name may be
because there are forces beating up its future
and we are tired of pretending
that it isn't happening

Por eso la exigencia
del tipo de compasión
que inspire generaciones
con estrofas rebeldes
de educación, arte y protesta
el tipo de voluntad
que resista la corrupción,
que repudie la injusticia,
que resalte la importancia
del diálogo ante la violencia

Por eso la necesidad
por la clase de unión
que nazca de la acción abnegada,
semillas de piedad
que rebroten respeto y den fruto de empatía

El mañana abre sus manos
y muestra la esperanza emplumada
divisando el cielo de nuestra humanidad

And that is why there is an earnest need
for the kind of compassion
inspiring generations
with rebellious movements
of art, protest and education

The kind of resolve
resisting corruption
repudiating injustice
highlighting the importance
of dialogue before violence

That is why there is an exigence
for the kind of unity
born from selfless actions
sprouting respect and ripening fruits of empathy

The future opens its hands
and shows off hope with feathers
making out the horizon in our humanity

Muchísimo más que un lápiz

Ahí donde lo ves
este lápiz puede calcular el infinito
cultivar ideas en una servilleta
empezar guerras amarrando firmas
y rescatar nuestra juventud
con la destreza de la imaginación

So much more than a pencil

Right there where you see it
this pencil can calculate infinity
cultivate ideas on any napkin
start wars manipulating signatures
and rescue our youth
with imagination's dexterity

Cuando mueren los libros

Cuando mueren los libros
la libertad agoniza
así como un 10 de mayo de 1933
en las calles de Berlín
bajo la mirada tiránica
de Joseph Goebbels
soltando la orden militar nazi
que ejecutó miles de páginas
con fósforos de odio anti-judio

Los rebeldes de estante
guardianes de la historia
son secuestrados por la censura
arrojados al fuego ceremonial
de la dictadura que pudre todo
como en la Argentina de Videla
quemando toneladas de literatura
Margarita Aguirre, Julio Córtazar, José Martí
en cenizas gritando humo

Cuando queman los libros
la cultura arde con ellos
como los códices Mayas pereciendo
por la antorcha española de 1562
en un incendio indiscriminado
iluminando un Yucatán desangrado
donde perdía su legado escrito
por el fanatismo y repudio colonialista
que buscaba al diablo en lo que no entendía

Cuando mueren los libros
los periodistas y los artistas
desaparecen en la misma víspera de tragedias
porque la opresión y sus secuaces
le temen a la verdad
y le huyen a la justicia

When books die

freedom agonizes
just like it did on May 10th of 1933
in the streets of Berlin
under the tyrannical eyes
of Joseph Goebbels
releasing the nazi military order
that executed thousands of pages
with hateful matchsticks of antisemitism

Those bookshelf rebels
guardians of history
are kidnapped by censorship
thrown to the ceremonial fire
of dictatorships which rot everything
like Videla's Argentina
setting ablaze tons of literature
Margarita Aguirre, Julio Córtazar, José Martí
in ashes screaming smoke

When books burn
culture flames away with them
like Mayan codices dying
in the Spanish torch of 1562
by that indiscriminate fire
bled drying Yucatan
where their written legacy was lost
to fanatism and imperialistic hatred
which looked for the Devil
in everything they didn't understand

When books die
journalists and artists
disappear in the same eve of tragedies
because oppression and their henchmen
fear truth
and flee at the sight of justice

Yo quiero poemas valientes

Yo quiero poemas valientes
con corazones perspicaces
versos que me guíen
por museos de barrio
cartografiando el continente de nuestra ciudad
empapado en historia
goteando cultura

Yo quiero poemas
con almas desafiantes
versos empedrados con coronas
de monarquías derrocadas
con piel y voz del corazón de la empatía
enrollada como un collar
para el cuello de la esperanza

Yo quiero poemas valientes
como Jovita Idar
enfrentándose con los Texas Rangers
cuando vinieron por su libertad de prensa

como Malala Yousafzai
sobreviviendo las balas del Talibán
cuando vinieron por su libertad de educación

como Oscar Romero
desviando los soldados salvadoreños
lejos de los actos de opresión de sus gobernantes

I want brave poems

I want poems
with discerning hearts
stanzas leading me
through barrio museums
mapping our city's continent
drenched in history
dripping with culture

I want poems
with defiant souls
verses pebbled with crowns
from overthrown monarchies
fleshed, voiced and plucked
from empathy's heart
coiled up as a necklace
for the next iteration of hope

I want brave poems
like Jovita Idar
standing up to the Texas Rangers
when they came for her freedom of press
like Malala Yousafzai
surviving the Taliban's bullets
when they came for her freedom to education

like Óscar Romero
steering Salvadorian soldiers away
from their government's orders of oppression

Yo quiero poemas audaces

como Ana Politkovskaya
como Javier Valdez Cárdenas
como Marie Colvin
como Ruben Salazar
y todos esos periodistas
que demandaron la verdad
a pesar de la amenaza de la Muerte

Yo quiero poemas
con puños llenos de convicción
impenetrables
como las ideas
urgentes
como la solidaridad
universal
como la esperanza
como la bondad
como el amor
como el amor
como el amor

I want audacious poems

like Anna Politkovskaya
like Javier Valdez Cárdenas
like Marie Colvin
like Ruben Salazar
and all those journalists
who demanded the truth
despite of Death's threat

I want poems
with fists full of conviction
unpierceable
like ideas
urgent
like solidarity
universal
like hope
like kindness
like love
like love
like love

"Every book, every volume you see here, has a soul. The soul of the person who wrote it and of those who read it and lived and dreamed with it. Every time a book changes hands, every time someone runs his eyes down its pages, its spirit grows and strengthens."

- Carlos Ruiz Zafón

Amor entre aguaceros

Cada gotita de cielo
flotando en la galaxia de mi parabrisas
le sugiere al pensamiento
callar para escuchar
lo que dice el corazón
al encontrarse con la ciudad de Long Beach
bañada por aguaceros

El semáforo escarlata
presiente el verde de su mirada
y dura varios minutos más
para evitar que al acelerar
las estrellitas se vuelvan cometas de agua
rayando el cosmos de mi parabrisas
con tiritas de frío

El calor de mi café me besa profundamente
cerrándome los ojos para abrirlos en otra vida
regresándome a mis seis años
viendo los charcos camino a mi escuela en Costa Rica
quebrándose al sentirme corriendo tan rápido
que el paraguas de mi mamá no consigue detener el viento
empapado por la lluvia

Love between downpours

Every little raindrop
floating on my windshield's galaxy
suggests to my thoughts
to hush and listen
to my heart's words
as it finds the city of Long Beach
bathed by downpours

Crimson's traffic light
feels greenish
and it lasts a few more minutes
to keep the little stars from becoming water comets
scratching my windshield's cosmos
with tiny streaks of cold rain

My coffee's heat kisses me deeply as I wait
closing my eyes to open them in another life
bringing me back to being six years old
seeing puddles on my way to school in Costa Rica
breaking as I run through them so fast
that my mom's umbrella can't stop the rain drenched wind

Veo las paredes de mi aula adornada por banderas tricolores
blancas, rojas y azules
fotografías de volcanes, cordilleras y ciudades
retratos de mi país en un mapa topográfico
presentándolo como un corcel verde
relinchando entre el Pacífico y el Atlántico
en la cinturita del continente americano

Escucho la voz de mis amigos
las hazañas de esos primeros grados
que huelen al aserrín de la pizarra
árboles chorreando tormentas
sobre el zacate de mi nostalgia
y las naranjas que almorcé
en el pupitre de mi infancia

Pestañeo
y el semáforo se quema hasta ser ceniza verde,
el tráfico me fuerza a verme en el retrovisor
revelando varias canas en mi pelo oscuro
y bajo la ventana para que se meta el cielo entero
a ver si su roce invernal me regresa a esos años
aunque sea un ratito eterno de aguacero

I look at my classroom's walls covered in tricolored flags
white, red and blue
photographs of volcanoes, rows of mountains and cities
my country's portraits on the topographic map
presenting it as a green steed
neighing between the Pacific and Atlantic
in the American continent's tiny waist

I hear my friends' voices
exploits from those first elementary school years
smelling like sawdust from the blackboard's storytelling
thunderstorms soaking trees
over my homesickness's grass
and oranges split in half as I have them for lunch
on my childhood's school desk

I blink
the red traffic light burned to green ash
forcing me to look at myself on the rearview mirror
revealing some grays in my black hair
and I lower the windows to let the entire sky inside my car
hoping winter's touch can take me back to those years
even if just for the rainy eternity of a short while

Donde duerme el Yigüirro

Mi maestra moldea
un pequeño pajarillo cobrizo
con arcilla de palabras

Lo bautiza Yigüirro
y nos cuenta que su canto
refleja la melodía de su ambiente
ya que basa su tono en los sonidos
previamente escuchados

Nos dice que la tradición
ha visto al aguacero responderle a su silbar
que es amigo del campesino y agricultor
por indicarles el mejor tiempo para sembrar

Lo ilustra en el bosque de su pizarra
con alas de tiza amarilla, marrón y blanca
durmiéndole ahí
en la memoria de cuarto grado
para despertarlo ahora que extraño mi infancia
a tantas vidas de donde nací

Where the Yigüirro sleeps

My teacher molds
a tiny copper bird
with clay of words

She baptizes him Yigüirro
and tells us that his song
echoes his environment's melodies
as he croons sounds
previously learned

She tells us that tradition
has seen rainfall answering to his whistle
that has an affinity with the campesino and the agricultor
and he tells them when it is best to sow
with his wise warble

She traces it in a blackboard forest
winged with yellow, brown and white chalk
tucking it there, in a fourth-grade memory
where I can wake him up when I miss my childhood most
so many lives away from where I was born

El país que dejé

Un baúl lleno de ti
rebalsándose
de tristezas y alegrías

miles de miradas
entretejidas como ciudades
en el lienzo del sueño

me dejaste tu piel como madrugada
bitácoras en mi corazón
detallando el manjar de respirarte

The country I left

A treasure chest full of you
overflowing
with joy and sorrow

Thousands of glances
intertwined like cities
in a dream canvas

You left me your skin as twilight
logbooks in my heart
detailing the delicacy of breathing you

América tildada

América tildada
caliente, risueña, rebelde y guerrera
alegre, ante todo
enamorada canción de cafetales, carreteras y cañaverales
eterna musa de perseverancia
durante terremotos, golpes de estado y huracanes

brillante como tu boa esmeralda en las amazonas
dulce como tu guanábana caribeña
imponente como tus Andes nevados
deslumbrante como tu luna dormida en el río Orinoco

Has visto pirámides nacer y crecer
de tus profundas junglas
imperios interpretando
el baile cósmico de sombras y planetas
en almanaques celestiales de
piedra volcánica,
dibujando eclipses
con la sabiduría de sus códices
desde los tiempos del jaguar
Presenciaste el derrocamiento
de usurpadores feudales
que te prendieron fuego
con la llegada fatídica
de Colón, Cortés y Cabeza de Vaca

Escuchaste el machete y el plomo
doblegando ejércitos españoles
desde Chile hasta México
sobreviviendo el secuestro europeo
que se robó tu plata y oro, pero nunca tu aliento

América tildada

Warm, joyful, defiant warrior
brave before all else
captivated song of coffee plantations, roads and reedbeds
eternal muse of perseverance
through earthquakes, coups and hurricanes

Brilliant like your emerald boa in the amazons
sweet like your Caribbean soursop
striking like your snowy Andes
stunning like your moon asleep on the Orinoco river

You have seen pyramids be born and grow
from your jungles' depths
empires interpreting
the cosmic dance of shadows and planets
in volcanic rock celestial calendars
sketching eclipses
with your wise codices
since the time of the jaguar

You witnessed the overthrow
of feudal usurpers
who set you on fire
with the fateful arrival of
Columbus, Cortés y Cabeza de Vaca

You heard gunpower and machetes
subduing Spanish armies
from Chile to Mexico
surviving the European kidnapping
which took your gold and silver but never your breath

Has sentido el llanto en tus calles y tus plazas
cuando el político embustero
se bautiza dictador
desde el podio presidencial
con el guaro barato de la codicia
permitiéndole a la corrupción
masticar al inocente con impunidad

Has luchado incontables veces
por la dignidad de tus pueblos
con tus antorchas de libertad
desterrando de raíz
caudillos de crueldad
desde Pinochet hasta Videla,
siendo testigos tus años de la reconciliación
entre tu democracia y la voluntad de tu pueblo

América tildada
tus generaciones beben de tu historia, cultura y arte
derrumbando las circunstancias
que se creen gigantes inmortales
en un mundo de estadísticas
y la tenacidad de tu espíritu
será el jinete imparable
aplanando los montes de duda
con su trotar indomable

You have felt anguish in your streets and town squares
when the mendacious politician
baptizes itself dictator
from the presidential podium
with greed's cheap liquor
letting corruption
chew up innocent lives with impunity

You have fought countless times
for your pueblo's dignity
with torches of freedom
banishing to exile
warlords of cruelty
from Pinochet to Videla,
turning your years into witnesses of reconciliation
between your democracy and your people's will

América tildada
generations drink from your history, art and culture
knocking down circumstances
that believe to be immortal giants
in the land of statistics
and your spirit's tenacity
will always find a way to become an unstoppable steed
flattening hills of doubt and disbelief
with its insuppressible galloping

A veces la poesía

A veces la poesía
se cae de rodillas
llorando historia
desenterrando tragedias
calladas por el deslave de la injusticia

a veces la poesía
se entrelaza como un rosario de plegarias
en las manos de la fe
cantándole al dolor
bajo la piel de la emoción

a veces la poesía
se sumerge en el pasado
sembrándose en la nostalgia
para retoñar en recuerdos
cruzando senderos soñados

a veces la poesía
se duerme en el oído del amor
haciendo un nido de juramentos
de luna, fuego y pasión
celebrando la dicha de despertar con vida

Sometimes poetry

Sometimes
poetry
falls to its knees
howling history
unearthing tragedies
hushed by injustice's landslides

sometimes poetry
intermingles like rosary prayers
in faith's hands
singing to the pain
beneath our emotion's skin

sometimes poetry
submerses in the past
sowing itself wistfully
sprouting memories
along dreamscapes

At times
poetry
falls asleep in love's ear
crafting a nest from vows and oaths
made of moons, fires and passion
praising the joy of waking up alive

A las dos de la tarde

Dicen que lo más que un humano ha aguantado
sin respirar bajo el agua es 24 minutos y 37 segundos
pero lamento discrepar

Del otro lado del escritorio
un agente de migración paseaba un bolígrafo entre sus labios
como un cigarro inquieto
revisando mi aplicación de permanencia
sus preguntas zarpaban
con una exigencia sutil y al punto,
interrogando las fechas y detalles
que apelaban por mi futuro
como testigos primordiales del pasado

Mi pasaporte abierto se desangraba en respuestas
y la carita de niño en una de sus páginas
me veía incrédulo preguntándose
cómo diablos llegue a presentarme
ante los ojos helados de la Migra
argumentando por mi derecho a vivir
a la luz de la residencia permanente
después de tantos años de ser acusado
de ser una sombra respirando ilegalmente

Two o'clock in the afternoon

They say the longest a human has held their breath underwater
is 24 minutes and 37 seconds
but I beg to differ

On the other side of the desk
an immigration agent juggled a pen
like a restless cigarette between their lips
reviewing my permanence application
the questions set sail
with subtle demand and straight to the point,
interrogating the dates and details
that appealed for my future
like primordial witnesses from my past

Wide open, my passport bled answers
and the little kid's face in one of its pages
looked at me incredulously
wondering how the hell did I get there
presenting myself in the frozen eyes of La Migra
fighting for my right to live
in the light of permanent residence
after so many years accused
of being a shadow breathing illegally

En lo que el agente terminaba de indagar
trotando entre fotografías y conclusiones
el reloj de pared decía que eran las dos de la tarde
y mi futuro en Estados Unidos
estaba a un sello de cambiar para siempre

Sentí mi alma anclarse en esa silla
aferrada de la mano de mi esposa
aterrada por la posibilidad que una palabra equivocada
podría borrarme de su vida
pero el pellizco de mi esposa en mi brazo izquierdo
me regresó del viaje interdimensional de suposiciones
que experimentaba en ese silencio
donde reviví cientos de recuerdos al mismo tiempo
como si la misma muerte hubiese llegado por mí

Segundos después, vi la tinta deletreando una nueva libertad
al secarse en el papel ante mis ojos
con las palabras: residencia permanente

Respiré después de 12 años aguantando la respiración

As the agent finished their inquiry
running through photographs and conclusions
the clock on the wall said that it was two o'clock in the afternoon
and that my future in the United States
was a stamp away from changing forever

I felt my soul anchoring to my chair
attached to my wife's hand
afraid in the panic of knowing
that simply uttering the wrong word
could erase me from her life
but feeling my wife's pinch on my left arm
brought me back from that multidimensional trip of assumptions
that I experienced in that silence
reliving hundreds of memories all at once
as if Death had come for me

Seconds later, I watched ink drying on the paper in front of me
spelling out a new freedom with the words:
Permanent Resident

I breathed after twelve years of holding my breath

"Love is the voice under all silences, the hope which has no opposite in fear; the strength so strong mere force is feebleness: the truth more first than sun, more last than star..."

- E.E. Cummings

Lluvia con sol

Ve los regalos de esta lluvia
las arañitas de agua
columpiándose en las varillas del portón
de tela metálica

ve los milagros de esta mañana
la lluvia con sol
convenio divino
de frío y calor

ve como respiras
un poco más profundo
observando
un poco más despacio
escuchando
el concierto de tus meditaciones
coreando a capella
en el auditorio de tu corazón

Sunny rain

Look at rain's gifts
the miniscule water spiders
swinging from gate rods
of metallic cloth

Look at this morning's miracle
of sunny rain
the divine covenant
of heat and cold

Look how you breathe
a little bit deeper
observing
a little bit slower
listening
to your meditation's concert
chanting acapella
in your heart's auditorium

Fiesta en el cielo

Marciano Cantero
caminaba sobre pastos de nubes anaranjadas
en el atardecer de su vida
cuando reconoció a Gustavo Cerati
encordando su guitarra en el cielo

Incrédulo, Marciano le preguntó al joven delgado
de corbatín verde aceituna y acento español
que sembraba rosas de plata en la luna
si se había quedado dormido en el carruaje de la Muerte
El joven le respondió diciéndole que su apellido era Lorca
y que era un placer conocerlo a pesar de las circunstancias

       Lorca le mostró los jardines de estrellas
       las cataratas de luz
       la primavera de la eternidad
       los bosques donde nacían todos los momentos
       que habían sido y los momentos por aún ser

Marciano se sentó en una nube
viendo a Frida y Picasso pintando la plática
de Neruda y Chespirito en los murales del tiempo
cuando el chiste que Cantinflas le contaba a María Félix
se extravió en la música de Celia Cruz y Tito Puente
que aceleraba y ponía a bailar a todos los presentes
desde Selena hasta San Pedro

Marciano Cantero entendió entonces
que había llegado más allá de la muralla verde
silbando un lamento boliviano
siendo luz de día
en el amanecer perpetuo de la cordillera dorada
y hubo una fiesta en el cielo
cuando Marciano empezó a tocar su guitarra blanca
por más de mil horas

Party in heaven

Marciano Cantero
walked on pastures of orange clouds
through life's sunset
when he recognized Gustavo Cerati
stringing his guitar in heaven

Incredulous, Marciano asked the thin young man
with an olive-green bow tie and Spanish accent
spreading silver roses on the moon
if he had fallen asleep on Death's carriage
the young man responded by telling him that his last name was Lorca
and that it was a pleasure to make his acquaintance despite the
circumstances

> A delighted Lorca
> showed him the gardens of stars
> the waterfalls of light
> the spring of eternity
> and the forests sprouting
> every moment that had been and will ever be

Marciano sat on a cloud
watching Frida and Picasso painting
Neruda and Chespirito's conversation in murals of time
and how the joke that Cantinflas told María Félix
got lost in the music of Celia Cruz and Tito Puente
which accelerated and made everyone present dance
from Selena to Saint Peter

Marciano Cantero understood then
that he arrived beyond the Muralla Verde
whistling a Lamento Boliviano
becoming Luz de Día
in the perpetual dawn of the golden Cordillera
and there was a party in heaven
when Marciano started playing his Guitarra Blanca
for more than Mil Horas

Contigo

Bésame y escríbeme
en tu corazón empañado,
abrázame, llévame contigo
como hermosas serenatas
recordando en estribillo,
respírame y serás
mi diciembre eterno
mi himno de ternura
mi fogata de deseo
la nevada mágica
enamorando al viento,
sáname con tu bondad
rescátame con tu paciencia
siembra en mi alma
inmarcesibles jardines de calma,
apaguemos el cielo morado
diciéndonos que nos amamos
entre auroras y ocasos;
quiero caminar
este poema de vida
siempre a tu lado

With you

kiss me and write me
on your misted heart,
embrace me, take me with you
like exquisite serenades
reminiscing in chorus,
breathe me in and you'll be
my timeless December
my endearment hymns
my bonfire of desire
the magical snowfall in loved
swooning in the wind,
heal me with your kindness
rescue me with your patience
seed in my soul
everlasting gardens of tranquility,
let's dim the purple sky to black
confessing how much we love each other
between dawns and dusks;
I want to walk
this life poem
forever beside you

"La escritura es una larga introspección, es un viaje hacia las cavernas más oscuras de la conciencia, una lenta meditación."

- Isabel Allende

Luciérnagas de cristal

Luciérnagas de cristal, zumban zigzagueando
arriba y abajo
de izquierda a derecha
en la tela nívea
de las cortinas de tu balcón

La lluvia deja miles
de cielos regados como lagos espontáneos
a lo largo de la calle bajo tu ventana
y más allá de las nubes de clavel morado
se levanta una luna justito
para encontrar tus ojos

Déja vù susurra
aire tibio del verano pasado
canciones de nuestro karaoke nocturno
cocteles salpicados con limón
y besos, que nos encuentran
a menudo en lo más oscuro
y placentero de las medianoches,
entre soñando y extrañando

Tus ojos se cierran
y el año pasado entra a la sala
abriendo las puertas del tiempo
sentándose a tu lado
peinando hebras castañas
de tu rostro y moviéndolas cuidadosamente
detrás de tus orejas

Glass Fireflies

Glass fireflies, buzz as they zigzag
up and down
from left to right
across the pearl white fabric
of your balcony's curtains

Rain leaves thousands
of skies scattered like makeshift lakes
along the street
beneath your home
and somewhere
beyond the puffed purple
moonstone carnation clouds
rises a moon
 just in time
to meet your eyes

Déja vù whispers
cold air from last summer
songs from our karaoke evening
lemon flavored cocktails
and kisses, which finds us
often in the darkest,
most pleasant of midnights
between dreaming and longing

Your eyes close
and last year walks into the living room
parting the curtains of time
sitting down next to you
brushing strands
of dark caramel hair from your face
and carefully curling them behind your ears

Tu sonrisa y los hoyuelos en tus mejillas
marcan el preciso y precioso segundo
cuando me piensas hasta volver a existir
regresando para escuchar los sucesos de tus días
frotarle la espalda a tu paciencia
y besar tu tranquilidad
para que aguante las hostilidades de la vida

Por un momento, más allá del tiempo
soy tuyo de nuevo

luciérnagas de cristal
zumban amarillas y murmurantes luces
en las olas de tela blanca
cuando sientes la lluvia
haciendo música con el frío de tus ventanas

Susurras mi nombre una vez
y añades
"como una canción de John Legend"
suspiras diciendo
"es ese tipo de amor"

You smile and your dimples show the precise and precious second
when you think me back into existence
to listen to your day's tales
rub your aching back with patience
and kiss your calm
so it may outlast life's hostilities

Somewhere beyond time
for a moment
I am yours again

Glass fireflies
buzz yellow flickering lights
in the pearl white curtains
as you feel the rain
playing music on your cold windows

You say my name once
and add
"like a John Legend song"
and sigh
"that kind of love"

Brindemos nostalgia

Cuando te extraño
me siento más perdido
que una tilde en una ecuación
me veo más sólo
que una eñe caminando en el inglés
pero es en lo vulnerable de esa soledad
que te siento hasta en mi sombra
porque sé que presenciamos un amor
de principio a fin
y su naturaleza tiene el eco
de tu susurro y tu silbar
es un sauce de nubes
bebiendo versos de lo que fuimos
para llovernos en tiempos como estos
exaltando la exuberancia de emociones
que resucitan historias
entre nuestros nombres

Cuando te extraño y duele no saber más de tus días
saboreo el vino de la nostalgia y por vos…brindo

Nostalgia, let's toast

When I miss you
I feel more lost
than a tilde in an equation
I see myself lonelier
than an eñe strolling along English
but it is in the vulnerability of such loneliness
that I feel you even in your shadow
because I know we witnessed love
from beginning to end
and its nature has the echo
of your whisper and your whistle
it is a willow of clouds
drinking verses from what we were
to rain us in times such as these
exalting the exuberance of emotions
that resuscitate stories
between our names

When I miss you and it hurts not to know of your days
I taste nostalgia's wine and to you…I toast

La luna tiene los ojos cafés

La luna tiene los ojos cafés
y ve al verano con el deleite de su curiosidad

El olor de palomitas caramelizadas
deja sabor a azúcar en la brisa de julio
que apropia del laberinto de risas,
juegos de carnaval, carriolas y cumbias
brincando y repercutiendo
desde los arreglos de una banda musical
en el medio del parque de South Gate
donde baila una pareja de viejitos
sobre la pista de baile del campo de béisbol

La rueda de la fortuna
le llama la atención a mi hijo de seis años
al elevarse sobre la muchedumbre
aullando un sonido estridente
cuando alimenta sus asientos
y lo escucho a través de su mascarilla de COVID
jalándome el brazo para que baje mi mirada
"That is so cool Dad! Can we get on that one?"
Le respondo preguntándole
"Sí, pero are you sure?"

Asintiendo su cabeza me confirma
"Yes, pleaseeeeeeeeeeeeeeee"

The moon has brown eyes

The moon has brown eyes
and they look at summer
with curious delight

The smell of caramelized popcorn
leaves a taste of sugar
in July's breeze
as we make our way through the maze
of laughter, carnival games, strollers
and cumbias
thumping and twisting
from a live band's arrangements
in the middle of a South Gate park
donde baila una pareja de viejitos
in a makeshift dance floor
of a baseball field

A Ferris wheel
catches my six-year-old son's attention
as it towers over the crowd
howling a screeching sound
when it stops to feed its seats
and I hear him
through the veil of his COVID mask
saying while tugging my arm
"That is so cool! Dad, can we get on that one?"

I ask him
"¿Sí pero are you sure?"

he nods and confirms
"Yes, pleaseeeeeeeeeeeeeee"

Yo le sonrío nerviosamente diciendo
"Alright kid, let's do it"
descartando el pavor que le tengo a las alturas
y el hecho que nunca me he subido en una rueda de la fortuna
pero la luna tiene los ojos cafés
y mi hijo quiere ir a saludarla

Nervously, I smile saying
"Alright kid, let's do it"
disregarding my fear of heights
and the fact that I had never been on a Ferris wheel
but the moon has brown eyes
and my son wanted to greet her

Agradecimientos

Infinitas gracias a mi esposa, Jennifer Rueda. Este libro no existiría sin tu continuo apoyo, cariño y ternura. Escribir un libro toma mucho tiempo y te agradezco mucho por tu paciencia.

Gracias Alegría Publishing por publicar libros bilingües y ser el puerto de tantos sueños.

Gracias Davina Ferreira por todo lo que haces con el corazón de nuestra comunidad en mente.

Gracias Carlos Mendoza, diseñador editorial. Muchísimas gracias por crear la portada y el esqueleto de mi libro.

Gratitud a cada organización, librería e institución que me invitaron a interpretar mi poesía. Gracias a todos los poetas y narradores que construyen una biblioteca más brillante y diversa para nuestro mundo con su perspicacia y autenticidad.

Gracias La Raíz Magazine por publicar A veces la poesía en tu primera edición.

Gracias Sims Library of Poetry por publicar 60 Towards Artesia Station en su sitio web.

Gracias Jessie Tovar por incluir 60 Towards Artesia Station en la revista digital Lit Stack.

Un agradecimiento especial a Lupe Montiel, Adrián Ernesto Cepeda y Ricardo Ruiz por sus primeros elogios de Amor entre aguaceros/Love between downpours. Cada uno de ustedes inspira mi misión como escritor. Estoy extremadamente agradecido por su apoyo, arte y amistad.

Gracias a Rochelle Newman-Carrasco, Carlos Carrasco y Juan Escobedo por incluir poesía en el Festival Internacional de Cine Panameño en Los Ángeles y en el Festival de Cine del Este de Los Ángeles. Estoy eternamente agradecido por tales oportunidades.

Toda una vida de gratitud a mi familia y amigos.

Gracias a mi abuela, Lily, por ser Costa Rica cuando más la extraño.

Gracias mamá. Eres amor entre aguaceros.

Gracias lectora y lector, por escuchar la lluvia conmigo.

Acknowledgments

Infinite thanks to my wife, Jennifer Rueda. This book would not exist without your continued support, love, and tenderness. Writing a book takes time and I truly appreciate your patience.

Thank you Alegría Publishing for publishing bilingual books and being the harbor of so many dreams. Thank you Davina Ferreira for everything you do with our community's heart in mind.

Thank you Carlos Mendoza, editorial designer. Thank you so much for creating the cover and skeleton of my book.

Gratitude to every organization, bookstore, and institution who invited me to perform my poetry. Thank you to every poet and storyteller building a brighter and more diverse library for our world with your perspicacity and authenticity.

Thank you to La Raíz Magazine for pubishing A veces la poesía in your first edition.

Thank you Sims Library of Poetry for publishing 60 Towards Artesia Station in your website.

Thank you, Jessie Tovar, for including 60 Towards Artesia Station in the digital literary magazine Lit Stack.

Special thanks to Lupe Montiel, Adrian Ernesto Cepeda, and Ricardo Ruiz for their early praise of Amor entre aguaceros / Love between downpours. Each of you inspires my mission as a writer.

I am extremely thankful for your support, art and friendship.

Thank you to Rochelle Newman-Carrasco, Carlos Carrasco, and Juan Escobedo for including poetry at the Panamanian International Film Festival in Los Angeles and the East LA Film Festival. I am eternally grateful for such opportunities.

A lifetime of gratitude to my family and friends.

Thank you to my grandmother, Lily, for being Costa Rica when I miss her the most.

Thank you mom. You are love between downpours.

Thank you, reader, for listening to the rain with me.

Sobre el Autor

Jean-Pierre Rueda es un poeta y escritor costarricense radicado en Compton, California.

Jean-Pierre lanzó su primera colección de poesía en español, *Herencias*, a través de Alegría Publishing en 2021. Su libro analiza el amor, la familia, la herencia y celebra figuras históricas latinas como monumentos de éxito artístico y cultural. Jean-Pierre Rueda ha presentado su poesía en el East LA Film Festival, Panamanian International Film Festival in LA, DA Center for the Arts, Chevalier's Books, Village Well Bookstore, The Book Jewel, The Last Bookstore, RE/Arte Centro Literario, Café Con Libros y Sims Library of Poetry.

About the Author

Jean-Pierre Rueda is a Costa Rican poet and writer based in Compton, California.

Jean-Pierre released his first Spanish poetry collection *Herencias* through Alegría Publishing in 2021. His book discusses love, family, heritage and celebrates historical Latinx figures as monuments of artistic and cultural success. Jean-Pierre Rueda has performed his poetry at East LA Film Festival, Panamanian International Film Festival in LA, DA Center for the Arts, Chevalier's Books, Village Well Bookstore, The Book Jewel, The Last Bookstore, RE/Arte Centro Literario, Café Con Libros, and Sims Library of Poetry.